Kurt Scharf

Zwischenzeilen

Bibliografische Information der Deutschen Nationalbibliothek:
Die Deutsche Nationalbibliothek verzeichnet diese Publikation in der Deutschen Nationalbibliografie; detaillierte bibliografische Daten sind im Internet über www.dnb.de abrufbar.

Herstellung und Verlag: BoD – Books on Demand, Norderstedt
ISBN 978-3-751-98532-1

Eins

Übernahme

Verwaiste Strände.
Leergelände.
Dass wir immer denken,
Menschen müssen lenken!
Aber nun, im Reviere,
herrschen Tiere.
Und wenn Leute sich zeigen,
vereinzelt im Schweigen,
sind sie nur geduldet,
ins Warten gemuldet.

Lohn

Und die Welt stand still.
Nichts regte sich,
bewegte mich.

Und die Welt stand still.
Seit langem schon
der Leere Lohn.

Und die Welt stand still.
Im Dämmerlicht
nur dies Gedicht.

Enthüllung

Falls die Erde keine Scheibe wäre,
wäre sie wohl hohl,
triebe durch den Raum, als Traum-Chimäre,
um die Sonne Sol.

Hätten, was wir länger schon erahnten,
wir geschenktes Gut
ausserirdisch in den Genen, planten
wir den Übermut.

Und wir setzten über alle Grenzen
leichter uns hinweg,
kernentlöst und bar der Konsequenzen
fehlte jeder Zweck.

Gegenwart

Mitten in der Ordnung
gehen wir
verschütt.

Mitten in der Wertung
leben wir
verblasst.

Mitten in der Wandlung
stehen wir
verletzt.

Dem Danach

Es schlägt dreizehn
auf der Uhr.
Wir warnen wieder
stur,

zählen die Minuten
unsrer Zeit,
der fremden Zukunft
Leid.

Zwei

Bald

Der Hunger war zu groß,
den wir immer hatten.
Er fiel in unsern Schoß,
und warf lange Schatten.

Die Trauer war gering,
wenn die Lücken klafften.
Wir schlossen Ding an Ding,
blieben daran haften.

Die Sorgen waren klein,
die wir um uns schufen.
Nun sind wir bald allein,
stürzen von den Stufen.

Phasen

Sturm aus dem Nichts.
Notiz, unerkannt,
fremden Berichts.
Stille im Land.

Sturm aus dem Nichts.
Zögernde Hand
letzten Gerichts.
Puppen am Band.

Sturm aus dem Nichts.
Wolken, verwandt,
Zeugen des Lichts.
Schatten auf Sand.

Status

Keine Dauer
breitet sich aus,
magere Zeit
liegt auf Lauer.

Knappes Denken,
immer im Kreis,
Reden verwelkt
in den Senken.

Aufschub

Wir setzen keinen Punkt,
und lassen Sätze offen.
Wenn nichts dazwischenfunkt,
so können wir noch hoffen.

Uns bleiben viele Stunden,
bevor das Leben flieht.
Wir drehen unsre Runden.
Wonach es dann geschieht.

Richtet euch

Letzte Feder.
Letzter Stein.
Richtet euch
aufs Ende ein.

Letzte Blume.
Letzter Klang.
Stille schwebt
in den Gesang.

Letztes Hoffen.
Letzte Not.
Überall
kein Morgenrot.

Letzte Feder.
Letzter Stein.
Richtet euch
aufs Ende ein.

Drei

Gefangen

In immer kleinren Wellen
engt sich das weitre Leben,
dem wir zur Seite stellen
was wir im Raum beschweben.

Und keine Träume bleiben,
und keine fahlen Fähren,
die Richtung Zukunft treiben
und sich vom Mut ernähren.

Wir werden wie die Ringe
gefangen sein, nur Reste,
und ziehen um die Dinge
als ungebetne Gäste.

Welche Worte

Der Rhythmus ist vertraut,
dem Leben vorgegeben,
aus Licht und Stein erbaut,
ein ewigsanftes Streben.

Und welche Worte fehlen
am Gleichgewicht der Welt,
versagen sich, verschwelen,
bis keines mehr gefällt.

Vögel

Federgefährten,
die in den Gärten
im wärmeren Wind
gesellig sind,

kommen aus blauen
Höhen und schauen
den im Ich und Du
Befangnen zu.

Intermezzo

Wie frisch die Luft uns heut erscheint,
da wir hinaus ins Freie gehen.
Die Sorgen werden hier verneint,
Probleme bleiben unbesehen.

Die Sonne gibt uns guten Rat.
Und auf den Wegen welcher Wandel.
Ringsum erleuchtet Laub den Pfad.
Der Herbst mit seinem Farbenhandel!

Wir schöpfen gern den saubren Duft,
der Wälder atemsüßes Wollen.
Wie frisch, wie rein ist diese Luft.
Die wir doch bald vergessen sollen.

Nacht

Liebe lugt nur aus den Ecken.
Alle Worte klingen schmal.
Niemand kann den Sinn entdecken.
Und die Speisen schmecken schal.

Wohin wird das Leben führen?
Jede Straße ist zu lang.
Keinem öffnen sich die Türen.
Müde klebt der Mond am Hang.

Vier

Spur

Die Logik der Maschinen,
gefiltert vom Verstand,
gefriert am wachen Rand
des Lebens, dem wir dienen.

Wir falten unsre Träume.
Sie fallen aus der Hand,
so wie das Licht verschwand,
in Zeit geteilt und Räume.

Lasst uns nun weiterwandern.
Noch hält das letzte Band,
besteht die Spur im Sand.
Gehört jedoch schon andern.

Ungewiss

Das dunkle Muster unsrer Tage,
gebreitet in den Zeitenstrom
als Abbild allgemeiner Lage,
ist sprachentwurzeltes Idiom.

So reden wir auch noch nach Jahren,
und wissen wenig nur Bescheid.
Und was als Dauer wir erfahren,
verfliegt recht bald, wird Einzelheit.

Die Summe dessen was wir denken,
zerfließt auf einem Dielenbrett.
Der Widerhall von Nachtgeschenken
umtanzt den Tag, ein Menuett.

Begrenztes Land

Schaut auf die alten Gemälde!
Und seht den persönlichen Tod,
der jeden empfängt und begleitet
und führt durch die letzte Not.

Wäre das heute noch möglich?
Der Einzelne leidet allein
und weiß vom vergangenen Leben
weniger als ein versunkener Stein.

Schaut auf die alten Gemälde!
Dort ist das Sein begrenztes Land,
von stiller Ewigkeit umzeitet,
geschmiegt in eine offene Hand.

Fliehend

Der Blick hinaus, in Weltalls Weiten,
ist wie ein sanftes Rückwärtsschauen
zu unvorstellbar kurzen Zeiten
des Startbeginns aus tiefem Grauen.

In längren Spannen aufgeschichtet,
verdichtet, und im Wechsel ziehend,
dem Nichts und Allem anverpflichtet,
erkennen sich die Dinge fliehend.

Wir halten kurze Rast und warten,
und sind schon fast im Raum verloren.
Worauf wir immer noch beharrten,
vergeht zu Rauch: des Lebens Sporen.

Echo

Im Gedränge wächst der Mut
der Masse, Schranken fallen,
und es steigert sich die Wut.
Vernunft ist am Verhallen.

Echo dringt aus jeder Tat
des rücksichtslosen Tages,
birgt die Keime dunkler Saat
im Innern des Verschlages.

Fünf

Verlust

Kurz vor dem Verschwinden
erlöschen die Lichter,
verblassen Gesichter,
sind nicht mehr zu finden

danach.
Die Worte verwehen.
Die Liebe wird gehen,
von der ich sprach.

Ereignis

Die Silbersonne schwingt
am Mittag durch das Land,
bevor der Regen dringt
vom hohen Wolkenband.

Die Uferzone bricht,
die Flüsse schwellen an.
Vergessen ist das Licht
in dunkler Fluten Bann.

Es kümmert keinen mehr,
was eben hier geschieht.
Die Welt ist menschenleer,
ein notenloses Lied.

Aussicht

Dem Diesseits, schrieb ich einst, bin ich verpflichtet.
Und holte jemals mich das Jenseits ein,
dann wäre, was ich dachte, gleich vernichtet
und würde allzuschnell vergessen sein.

Das mag wohl stimmen. Aber in den Tiefen,
gefroren von der stillgelegten Zeit,
sind diese Verse, die nur träumend schliefen,
und ist geborgen jede Einzelheit.

Wohin?

Du wirst es wieder sagen,
das Wort das dir noch bleibt,
du wirst dich wieder fragen:
wohin? Wohin 's dich treibt.

Der Ursprung deines Strebens,
im Dämmerlicht verschraubt
des ahnungslosen Lebens,
ist leider eingestaubt.

Du kannst nicht weitersuchen,
wenn Traum und Raum dir fehlt,
und wirst kein Ziel verbuchen,
auf ewig unbeseelt.

Abendrot

Im frühen Licht der Erdgeschichte,
aus purer Neugier nur gemacht,
entstand des Lebens erste Dichte
und war vergangen, kaum erdacht.

Und später gingen große Tiere,
bestaunten diese schöne Welt.
Sie herrschten lange im Reviere.
Bis dann ein Stern hernieder fällt.

Und nun, nach all den vielen Jahren,
verzaubert uns das Abendrot.
Entfernt erklingen schon Fanfaren.
Auf leisen Sohlen kommt der Tod.

Wolgast
11. – 21. November 2020

Inhalt

Spur
Ungewiss
Begrenztes Land
Fliehend
Echo

Verlust
Ereignis
Aussicht
Wohin?
Abendrot